MINI PATTE

La marmotte

Lutin des montagnes

Texte de Valérie Tracqui
Photos de D. et S. SIMON
Illustrations d'Éric Gasté

Collection dirigée par Valérie Tracqui

MILAN jeunesse

Dans la montagne...

C'est l'été. La neige a presque complètement fondu. Les prairies sont couvertes de fleurs sucrées, qui attirent les insectes. Bzz...

Là-bas, sur le vert pâturage, vit une famille de marmottes.

L'une se chauffe au soleil. L'autre surveille le paysage. La troisième rend visite à sa sœur et cueille quelques brins d'herbe. Tout est calme...

Pas de danger ?
Elle peut sortir
de son terrier...

Fausse alerte !

Pssiit, pssiit... Plusieurs coups de sifflet retentissent dans les alpages. C'est une marmotte qui prévient ses voisines. Elle a vu quelque chose d'anormal au loin... Inquiètes, les autres marmottes répondent, en criant elles aussi la bouche ouverte, puis elles se cachent vite dans leur terrier.

Inutile de s'affoler : ce ne sont que des promeneurs.

La marmotte se dresse sur ses pattes arrière, pour voir et crier le plus loin possible.

Dans les parcs nationaux, les marmottes s'habituent aux promeneurs.

C'est la marmotte la mieux placée qui déclenche l'alerte.

Toujours inquiète, la marmotte s'éloigne peu de son terrier.

Au secours !

Une ombre plane. Cette fois-ci, c'est la panique ! Un seul sifflet, très aigu, alerte toute la colonie. **Les marmottes se précipitent dans le terrier le plus proche.** Mais l'aigle royal a repéré une imprudente encore dehors. Brusquement, il pique vers le sol, les serres tendues en avant. Vite ! La jeune marmotte disparaît dans un trou. Elle a eu très peur !

L'aigle royal s'attaque souvent aux marmottes pour nourrir ses oisillons.

La marmotte repère facilement les prédateurs grâce à sa bonne vue et son large champ de vision.

Le renard est aussi un danger pour les marmottes, quand il chasse à l'affût.

L'été, la famille creuse de nombreuses galeries, avec une chambre-dortoir et des « toilettes ».

En avant des joues, les marmottes sécrètent une odeur qui leur permet de se reconnaître.

Emploi du temps

La journée des marmottes est réglée comme une horloge !
Tôt le matin, elles s'étirent et prennent leur petit déjeuner. Puis, vers 10 heures, elles font une sieste au soleil, interrompue par des promenades et des jeux. À midi, retour au terrier pour un petit repos en commun. Nouvelle sortie l'après-midi, avec un deuxième repas et des visites aux voisines.

Toute ronde...

La marmotte est vraiment faite pour vivre sous terre. Avec son corps tout rond et ses petites oreilles, rien ne dépasse ! Ses pattes musclées, armées de griffes puissantes, sont efficaces pour creuser le terrier. Ses grandes dents, bien aiguisées, lui permettent de couper les plantes dont elle se nourrit. **La montagnarde est bien équipée !** Dans le noir du terrier, la marmotte se sert des poils très sensibles qui entourent son museau, pour repérer les obstacles. Curieuse, mais aussi prudente, elle peut vivre 20 ans.

La marmotte possède 4 doigts griffus aux mains et 5 doigts aux pieds.

Son ouïe est fine et son odorat excellent. Quelle chance !

Ses dents poussent sans arrêt.

Sa longue fourrure lui sert de manteau l'hiver. Elle a toujours le bout de la queue noir.

Mmm... c'est bon !

Avant l'hiver, la marmotte doit faire des réserves de graisse. Alors, elle mange beaucoup. Elle choisit, une à une, les fleurs qu'elle préfère. Feuilles, fruits, graines, racines complètent son repas. Parfois, elle croque même un ver, une sauterelle ou un escargot. La voilà toute grassouillette, comme un gros coussin.

Elle n'a pas besoin de boire. La rosée et l'eau contenue dans les plantes lui suffisent.

Avec ses mains habiles,
la marmotte saisit
délicatement chaque plante
avant de la manger.

Un lit tout chaud

Au mois de septembre, toute la famille est occupée. Les marmottes doivent préparer leur lit pour l'hiver. Elles aménagent un dortoir au fond d'une longue galerie et le tapissent de foin. Pour ne pas laisser entrer le froid, ou un intrus, le mâle ferme l'entrée avec un bouchon de terre. Puis, dès qu'il se met à geler dehors, toutes vont se coucher.

On dirait que la marmotte a des moustaches quand elle transporte le foin dans sa gueule.

Contrairement à la marmotte, le bouquetin n'hiberne pas. L'hiver, il descend dans la vallée.

La marmotte mue avant l'hiver. Sa fourrure s'épaissit et devient très chaude, comme une couette.

S'il fait vraiment trop froid sous terre, la marmotte doit bouger pour ne pas mourir.

Le chamois affronte l'hiver.

Début avril, elle sort, toute maigre. Mais comme il n'y a rien à manger, elle nettoie son terrier.

Long sommeil

La marmotte dort profondément pendant 6 mois. Comme elle ne mange pas, elle vit au ralenti : elle devient froide, son cœur bat très lentement, elle s'arrête presque de respirer. On dirait qu'elle est morte, mais, en fait, elle hiberne. Tous les mois, elle se réveille pour faire ses besoins dans les cabinets. Puis elle se rendort...

Bataille

Fin avril, c'est la saison des amours. Deux mâles cherchent à se mordre. C'est sérieux, car l'un d'eux a pénétré sur le territoire de l'autre. Très excitées, les marmottes se poursuivent et se bagarrent pour jouer. Elles s'empoignent aux épaules et se font tomber, comme au judo. Puis elles frottent leurs joues sur les pierres pour laisser leur odeur.

Sur chaque territoire vivent le couple reproducteur, des femelles et les petits des 2 années précédentes.

Quand 2 mâles se battent, c'est le plus fort qui gagne. Il a le droit de s'accoupler avec 2 ou 3 femelles.

Jeu ou combat ? C'est difficile à savoir, car mâle et femelle se ressemblent tout à fait.

Le couple parade avant de s'accoupler au fond de son terrier.

Petits et grands

Cinq semaines plus tard, les marmottons sont nés au fond du terrier. Ils sont tout nus et aveugles. Mais, en juillet, ils sortent et commencent à goûter l'herbe.
Curieux de tout, ils jouent ensemble, se roulent par terre et font des cabrioles.
Pendant 2 ans, ils resteront avec leurs parents.
Puis, les petits lutins fonderont une nouvelle famille sur une prairie voisine...

À 2 mois, le marmotton sait déjà siffler.

Ils s'amusent à creuser la terre, pour user leurs ongles, qui poussent sans arrêt.

Ses grands frères et sœurs, d'un an, l'aident à découvrir la vie.

Les femelles ont des petits à tour de rôle, pas forcément chaque année.

Bien protégées

Autrefois chassées pour leur fourrure et leur graisse, les marmottes sont aujourd'hui protégées, dans les parcs nationaux et régionaux, pour la plus grande joie des promeneurs.

Cette marmotte a creusé son terrier sous un chalet, bien à l'abri.

Voisines des hommes

La marmotte est aujourd'hui protégée dans les parcs français. Depuis qu'elle n'est plus chassée, elle s'approche volontiers des villages, car elle aime bien la compagnie de l'homme. Autrefois, les petits ramoneurs savoyards en apprivoisaient, pour les montrer dans les foires et gagner quelques sous.

Le guide du parc relâche les marmottes.

Autrefois chassée

La marmotte a failli disparaître de nos montagnes, tant elle a été chassée et piégée autrefois. On en déterrait par milliers pendant l'hiver, ou on les tuait à la sortie des terriers. Des manteaux et des couvertures étaient confectionnés avec sa fourrure. On mangeait sa chair et on utilisait sa graisse pour cirer les meubles ou pour faire de la pommade soi-disant efficace contre les rhumatismes !

Un sauvetage réussi

À l'automne 1984, EDF finit un barrage dans l'Isère. L'eau monte et les marmottes des prairies vont être noyées au fond de leurs terriers, car elles dorment déjà. Alors, des hommes décident d'agir. Ils creusent des tranchées, récupèrent les marmottes et les mettent à dormir dans une cave, jusqu'au printemps. Puis ils les emmènent en Chartreuse, là où les prairies sont libres. Elles sont sauvées. Merci les hommes !

Les hommes transportent les marmottes sur leur dos.

Les cousins

La marmotte est un rongeur qui fait partie de la famille des écureuils. Il existe 14 espèces de marmottes, qui vivent uniquement dans les régions froides de l'hémisphère Nord. Toutes sont terrestres, mais certaines vivent en solitaire, contrairement à la marmotte des Alpes, qui aime la vie de famille.

L'écureuil gris

L'écureuil gris est originaire d'Amérique du Nord, mais il a été introduit en Angleterre. Comme il est plus grand et plus fort que notre écureuil roux, il a tendance à prendre sa place dans les endroits où ils vivent ensemble. Contrairement aux marmottes, les écureuils vivent dans les arbres.

La marmotte à ventre jaune

La marmotte à ventre jaune se rencontre en Amérique du Nord. Elle a une belle fourrure, teintée de plusieurs couleurs. Le mâle vit en harem, avec 2 ou 3 femelles, qu'il défend jalousement.

Le souslik

Le souslik, encore appelé spermophile, habite les steppes, de l'Allemagne à la Mongolie et du Canada au Mexique. Comme la marmotte, il creuse un terrier et se nourrit de plantes. Seule différence : quand la nourriture manque, il fait des réserves et n'hiberne pas toujours.

Le chien de prairie

Le chien de prairie vit en Amérique du Nord. Contrairement à la marmotte, il aboie comme un vrai chien. Il vit en colonies géantes et creuse de véritables villes souterraines. Les agriculteurs le tuent, car ils n'apprécient pas que leurs prés soient transformés en gruyère !

Quelques questions sur la vie de la marmotte, dont tu trouveras les réponses dans ton livre.

Crédit photographique :
Toutes les photos sont de D. et S. SIMON sauf :

NEGRO-CRETU/COLIBRI : p. 10 (h), 25 (h) ; J. L. PAUMARD/COLIBRI : p. 14 (b) ; C. VILLETTE/COLIBRI : p. 15 (hg) ; A. CHRISTOF/COLIBRI : p. 16-17 ; ABADIE/COLIBRI : p. 25 (bg) ; C. ROLLARD : p. 25 (bd) ; M. DUBOIS/COLIBRI : p. 28 (h).

www.editionsmilan.com

300, rue Léon-Joulin, 31101 Toulouse Cedex 9, France.

Loi 49.956 du 16 juillet 1949 sur les publications destinées à la jeunesse.
Dépôt légal : 3e trimestre 2008
ISBN : 978.2.7459.2711.8
Imprimé en Espagne